Impressum
Verlag: BABADADA GmbH, Nedderfeld 112 , 22529 Hamburg
Geschäftsführer / Verlagsleitung: Harald Hof
Druck: Books on Demand GmbH, In de Tarpen 42, 22848 Norderstedt

Imprint
Publisher: BABADADA GmbH, Nedderfeld 112 , 22529 Hamburg, Germany
Managing Director / Publishing direction: Harald Hof
Print: Books on Demand GmbH, In de Tarpen 42, 22848 Norderstedt

學校

škola

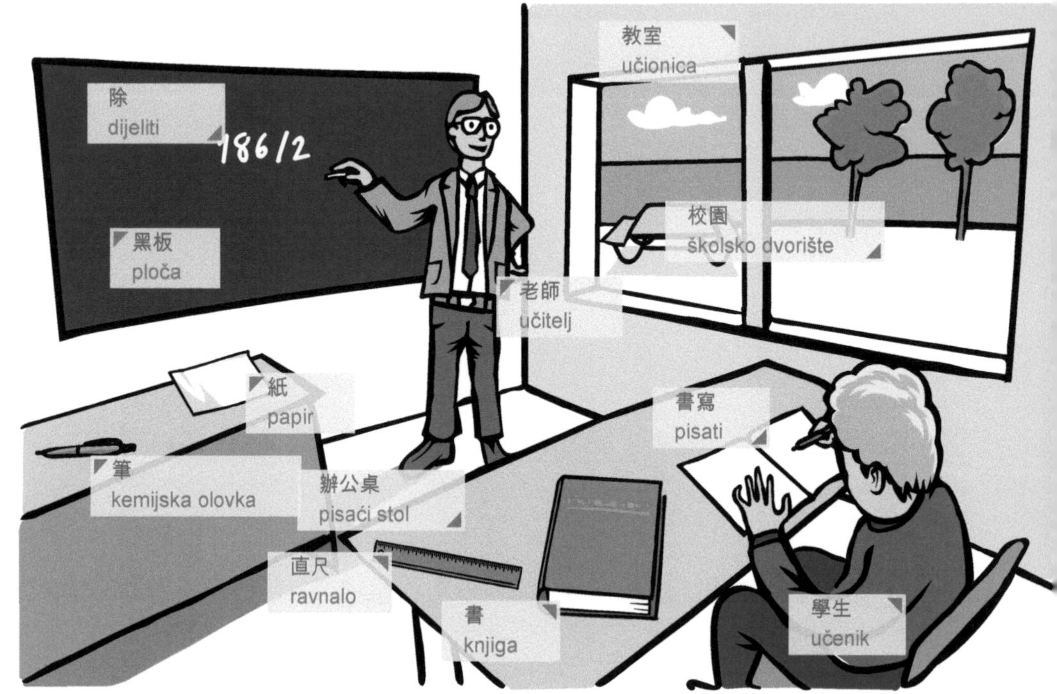

教室
učionica
除
dijeliti
186/2
黑板
ploča
校園
školsko dvorište
老師
učitelj
紙
papir
書寫
pisati
筆
kemijska olovka
辦公桌
pisaći stol
直尺
ravnalo
書
knjiga
學生
učenik

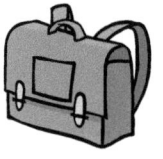

書包

torba

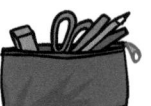

鉛筆盒

pernica

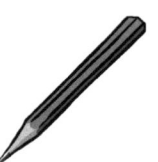

鉛筆

grafitna olovka

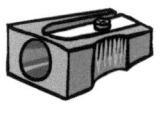

削鉛筆機

šiljilo za olovke

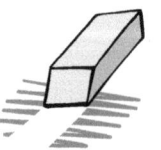

橡皮擦

gumica za brisanje

畫板

blok za crtanje

圖畫

crtež

畫筆

kist

顏料盒

kutija s bojama

剪刀

makaze

膠水

ljepilo

練習冊

bilježnica

家庭作業

domaći zadatak

12

數字

broj

2+2

加

sabirati

5-2

減

oduzimati

2×2

乘

množiti

計算

računati

A

字母

slovo

ABCDEFG
HIJKLMN
OPQRSTU
VWXYZ

字母表

abeceda

字

riječ

課文

tekst

讀

čitati

粉筆

kreda

上課

sat

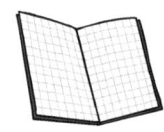

登記

dnevnik

考試

ispit

證書

svjedodžba

校服

školska uniforma

教育

obrazovanje

百科全書

leksikon

大學

sveučilište

顯微鏡

mikroskop

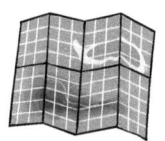

地圖

karta

廢紙簍

košara za papir

學校 - škola

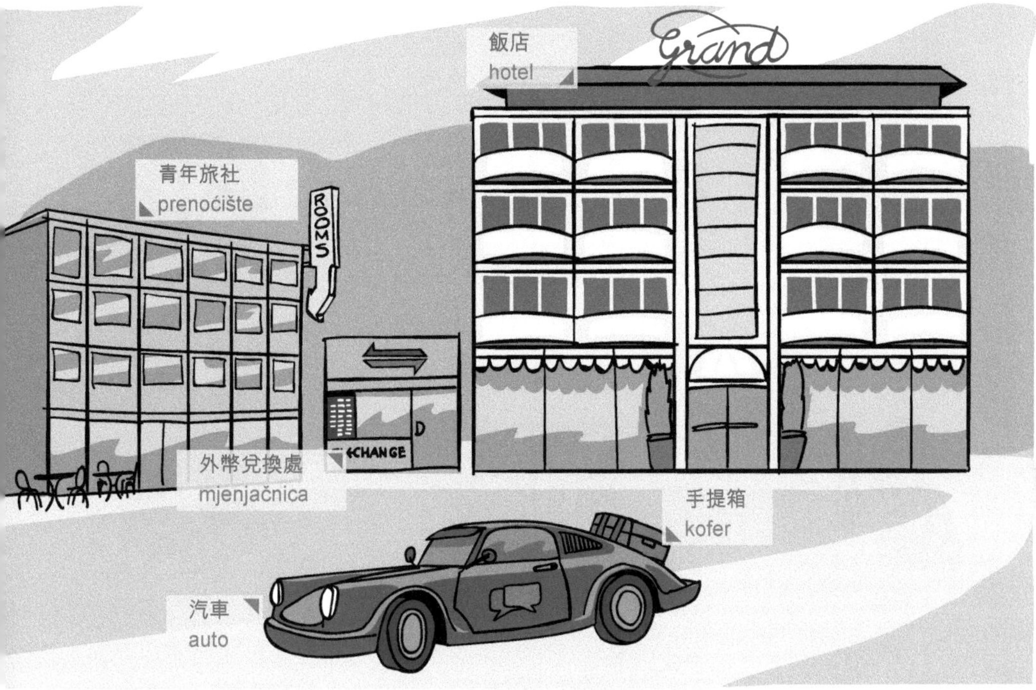
飯店
hotel
Grand
青年旅社
prenoćište
ROOMS
外幣兌換處
mjenjačnica
CHANGE
手提箱
kofer
汽車
auto

語言
jezik

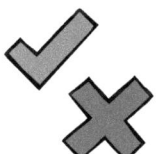

是/否
da / ne

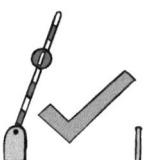

好的
okay

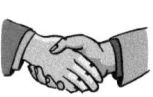

您好
zdravo

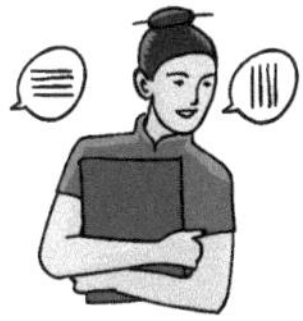

翻譯人員
prevoditelj

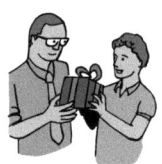

謝謝
hvala

......多少錢？

Koliko košta...?

我不明白

ne razumijem

問題

problem

晚上好！

dobro veče!

早上好！

Dobro jutro!

晚安！

Laku noć!

再見

doviđenja

方向

smjer

行李

prtljaga

包

torba

背包

ruksak

客人

gost

房間

soba

睡袋

vreća za spavanje

帳篷

šator

旅行資訊

turističke informacije

海灘

plaža

信用卡

kreditna kartica

早餐

doručak

午餐

ručak

晚餐

večera

票

karta za vožnju

電梯

dizalo

郵票

poštanska markica

邊界

granica

海關

carina

大使館

ambasada

簽證

viza

護照

putovnica

旅行 - putovanje

交通運送
transport

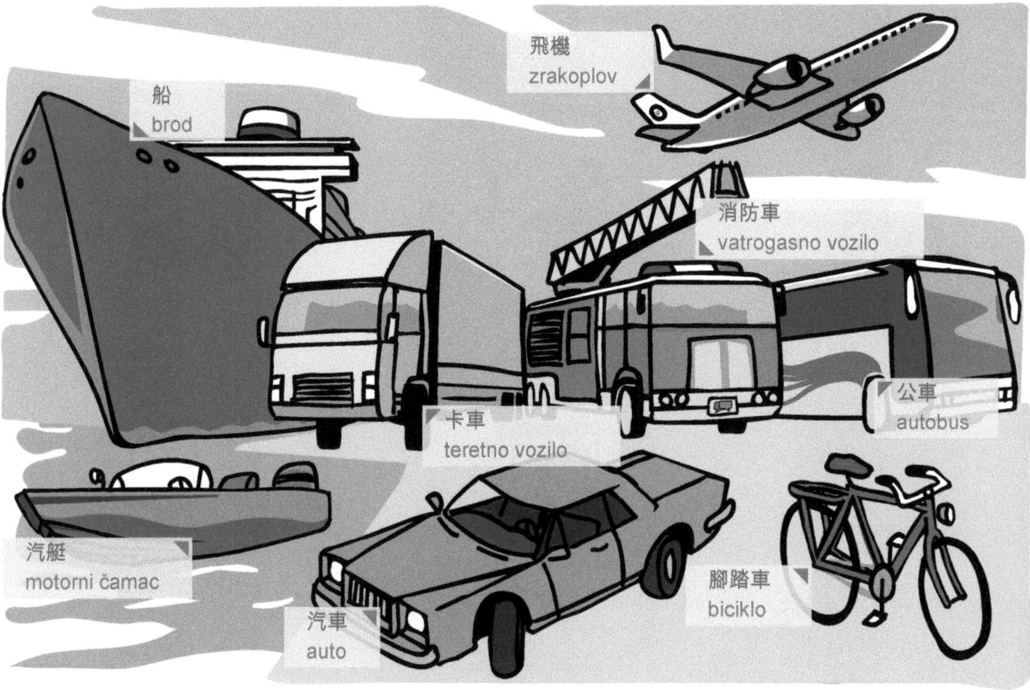

飛機
zrakoplov
船
brod
消防車
vatrogasno vozilo
公車
autobus
卡車
teretno vozilo
汽艇
motorni čamac
腳踏車
biciklo
汽車
auto

渡輪

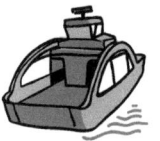

trajekt

小船

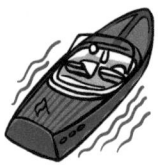

čamac

機車

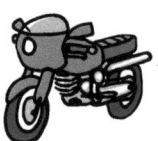

motocikl

警車

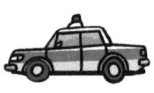

policijski auto

賽車

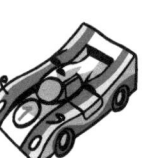

trkaći auto

租車

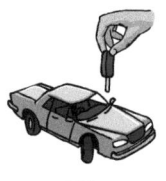

iznajmljeno auto

拼車

dijeljenje automobila

拖車

vučno vozilo

垃圾車

vozilo za odvoz smeća

馬達

motor

汽油

benzin

加油站

benzinska postaja

交通標識

prometni znak

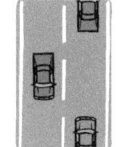

交通

promet

交通堵塞

zastoj

停車場

parkiralište

火車站

kolodvor

軌道

šine

火車

vlak

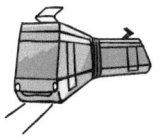

路面電車

tramvaj

客車廂

vagon

直升機

helikopter

機場

zrakoplovna luka

塔

toranj

乘客

putnik

集裝箱

kontejner

紙板箱

karton

手推車

kolica

籃子

košara

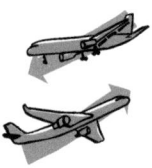

起飛/降落

uzletjeti / sletjeti

城市

grad

村莊

selo

市中心

centar grada

房子

kuća

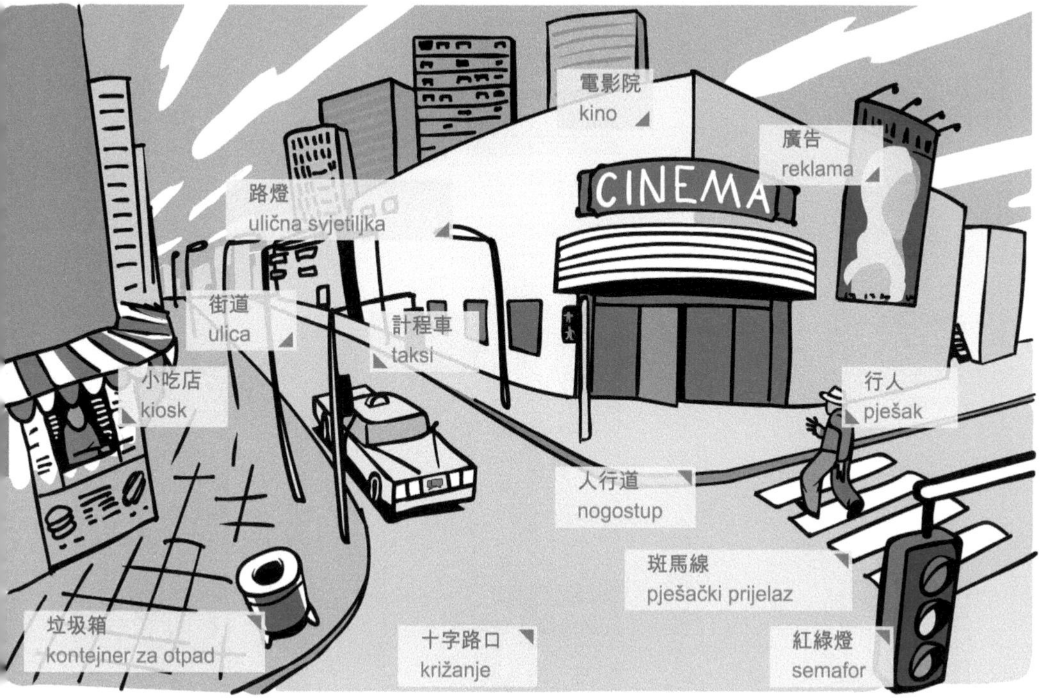

電影院
kino
廣告
reklama
CINEMA
路燈
ulična svjetiljka
街道
ulica
計程車
taksi
小吃店
kiosk
行人
pješak
人行道
nogostup
斑馬線
pješački prijelaz
垃圾箱
kontejner za otpad
十字路口
križanje
紅綠燈
semafor

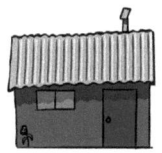

小屋

koliba

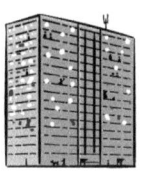

公寓

stan

火車站

kolodvor

市政廳

vijećnica

MUSEUM

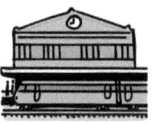

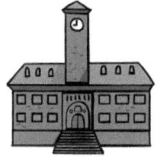

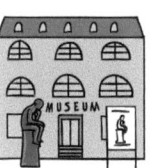

博物館

muzej

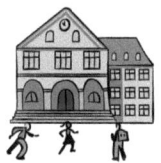

學校

škola

大學

sveučilište

銀行

banka

醫院

bolnica

飯店

hotel

藥房

ljekarna

辦公室

ured

書店

knjižara

商店

prodavaonica

花店

cvjećara

超市

supermarket

市場

trg

百貨商店

robna kuća

魚店

ribarnica

購物中心

trgovački centar

海港

luka

公園

park

長凳

klupa

橋

most

樓梯

stepenice

捷運

podzemna željeznica

隧道

tunel

公車站

autobusna stanica

酒吧

bar

餐館

restoran

郵筒

poštansko sanduče

路標

ulični znak

停車計時器

parkirni sat

動物園

zoološki vrt

游泳池

bazen

清真寺

džamija

農場

seosko gazdinstvo

污染

zagađenje okoliša

墓地

groblje

教堂

crkva

操場

igralište

寺廟

hram

地形
krajolik

樹葉
list

指示牌
putokaz

路
put

草地
livada

石頭
kamen

樹
drvo

徒步旅行者
šetač

河
rijeka

草
trava

花
cvijet

峽谷

dolina

丘陵

planina

湖

jezero

森林

šuma

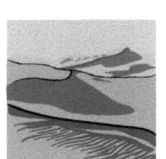

沙漠

pustinja

火山

vulkan

城堡

dvorac

彩虹

duga

蘑菇

gljiva

棕櫚樹

palma

蚊子

moskito

蒼蠅

muha

螞蟻

mrav

蜜蜂

pčela

蜘蛛

pauk

甲蟲

buba

青蛙

žaba

松鼠

vjeverica

刺蝟

jež

野兔

zec

貓頭鷹

sova

鳥

ptica

天鵝

labud

野豬

divlja svinja

鹿

jelen

麋鹿

los

水壩

nasip

風力發電機

vjetrenjača

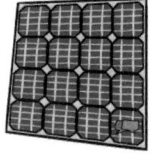

太陽能電池板

solarna ploča

氣候

klima

餐館

restoran

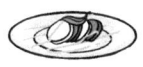

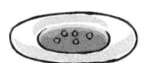

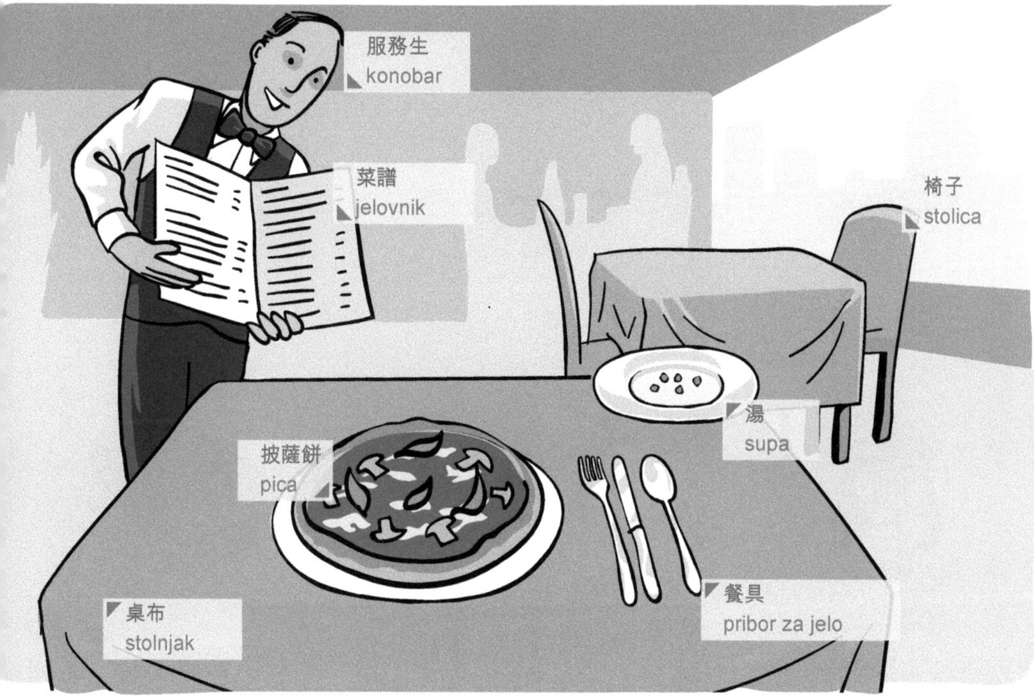

服務生
konobar
菜譜
jelovnik
椅子
stolica
湯
supa
披薩餅
pica
餐具
pribor za jelo
桌布
stolnjak

前菜

predjelo

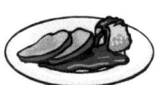

主菜

glavno jelo

甜點

desert

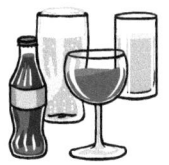

飲料

napitci

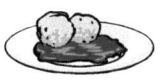

食物

jelo

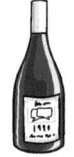

瓶子

boca

速食

fastfood

街邊小吃

imbis hrana

茶壺

čajnik

糖盒

doza za šećer

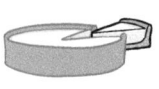

一份飯菜

porcija

義式咖啡機

aparat za espresso

高腳椅

visoka stolica

帳單

račun

托盤

pladanj

刀

nož

餐叉

vilica

勺子

žlica

茶匙

čajna žlica

餐巾

ubrus

玻璃杯

čaša

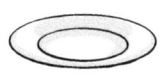

碟子

tanjur

湯盤

tanjur za supu

碟子

tanjurić

醬

sos

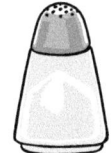

鹽瓶

soljenka

胡椒研磨罐

mlin za biber

醋

ocat

食用油

ulje

調味料

začini

番茄醬

kečap

芥末

senf

美乃滋

majoneza

超市

supermarket

特價
ponuda
FOR
顧客
kupac
乳製品
mliječni proizvodi
水果
voće
購物車
kolica za kupnju

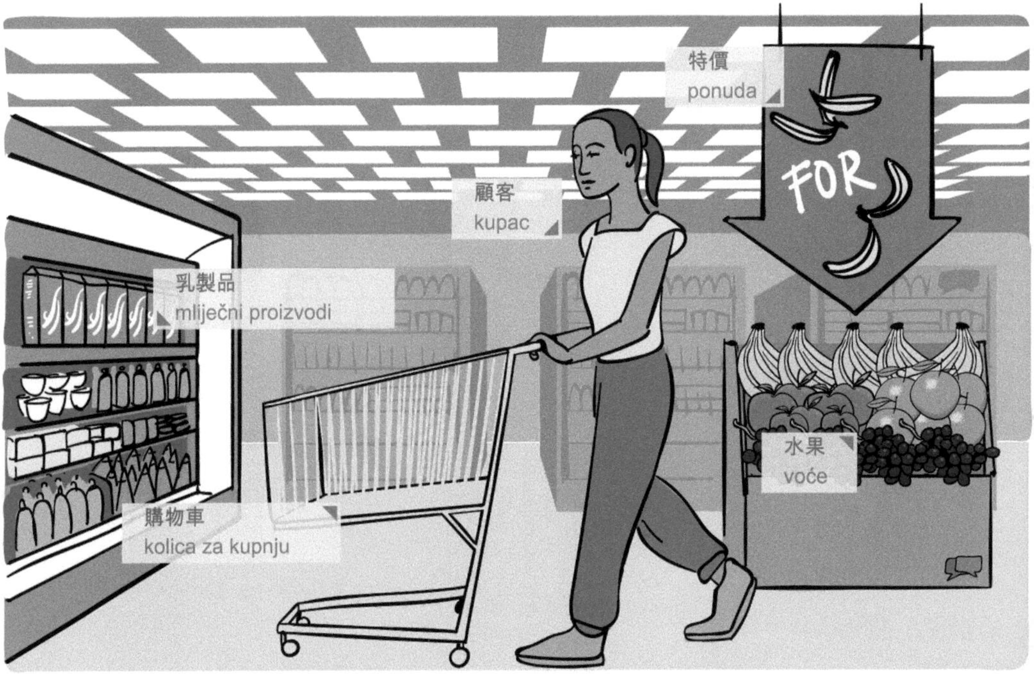

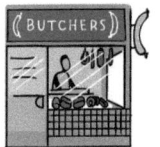

BUTCHERS

肉鋪

mesnica

BAKERY

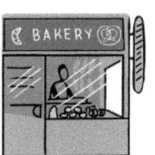

麵包店

pekarnica

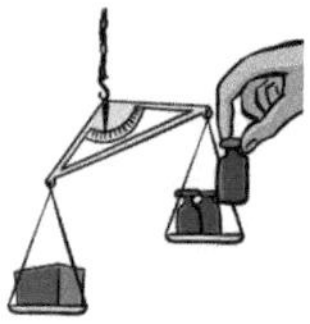

稱重

vagati

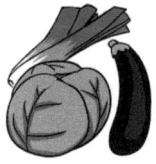

蔬菜

povrće

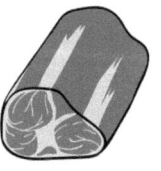

肉

meso

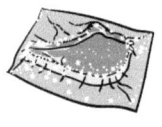

冷凍食品

duboko smrznuta hrana

冷盤

narezak

罐頭食品

konzerve

洗衣粉

sredstvo za pranje

甜食

slatkiši

日用品

artikli za domaćinstvo

清潔用品

sredstva za čišćenje

銷售員

prodavačica

收銀機

blagajna

收銀員

blagajnik

購物清單

lista za kupnju

開放時間

vrijeme rada

錢包

novčanik

信用卡

kreditna kartica

袋子

torba

塑膠袋

plastična vrećica

水

voda

果汁

sok

牛奶

mlijeko

可樂

cola

紅酒

vino

啤酒

pivo

酒

alkohol

可可

kakao

茶

čaj

咖啡

kava

義式濃縮咖啡

espresso

卡布奇諾

cappuccino

香蕉

banana

蘋果

jabuka

柳丁

naranča

西瓜

lubenica

檸檬

limun

胡蘿蔔

mrkva

大蒜

češnjak

竹子

bambus

洋蔥

luk

蘑菇

gljiva

堅果

orašasti plodovi

麵條

rezanci

義大利麵

špagete

米飯

riža

沙拉

salata

薯條

pomfrit

炸馬鈴薯

pečeni krumpir

披薩餅

pica

漢堡

hamburger

三明治

sendvič

炸豬排

šnicla

火腿

pršut

義大利臘腸

salama

香腸

kobasica

雞肉

kokoš

烤肉

pečenje

魚

riba

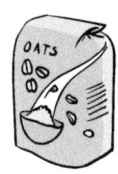

燕麥片

zobene pahuljice

木斯里

musli

玉米片

kukuruzne pahuljice

麵粉

brašno

牛角麵包

roščić

麵包捲

pecivo

麵包

kruh

吐司

toast

餅乾

keksi

奶油

maslac

凝乳

svježi sir

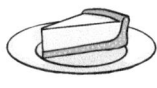

蛋糕

kolač

蛋

jaje

煎蛋

jaje na oko

起司

sir

冰淇淋

sladoled

糖

šećer

蜂蜜

med

果醬

marmelada

巧克力醬

nugat krema

咖哩

curry

seosko gazdinstvo

農舍
seoska kuća

糧倉
sjenik

稻草捆
bale sijena

田野
polje

馬
konj

拖車
prikolica

拖拉機
traktor

馬駒
ždrijebe

驢
magarac

羊
ovca

羔羊
lane

山羊

koza

奶牛

krava

小牛

tele

豬

svinja

小豬

prase

公牛

bik

鵝
guska

鴨
patka

小雞
pilići

母雞
kokoš

公雞
pijetao

鼠
pacov

貓
mačka

миш

老鼠
miš

牛
vol

狗
pas

狗屋
kućica za psa

花園澆水軟管
vrtno crijevo

澆水壺
kanta za polijevanje

長柄大鐮刀
kosa

犁
plug

鐮刀

srp

鋤頭

motika

長柄草耙

vilica za gnojivo

斧頭

sjekira

獨輪手推車

tačke

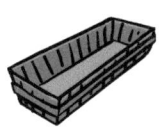

飼料槽

korito

牛奶罐

posuda za mlijeko

麻布袋

vreća

柵欄

ograda

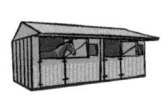

馬廄

štala

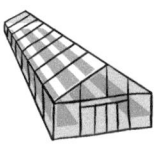

溫室

staklenik

土壤

zemlja

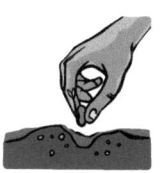

種子

sjeme

肥料

gnojivo

聯合收割機

kombajn

收割

žanjati

收割

žetva

地瓜

yams začin

小麥

pšenica

大豆

soja

土豆

krumpir

玉米

kukuruz

油菜籽

uljana repica

果樹

voćka

樹薯

gomolj manioke

穀物

žitarice

房子

kuća

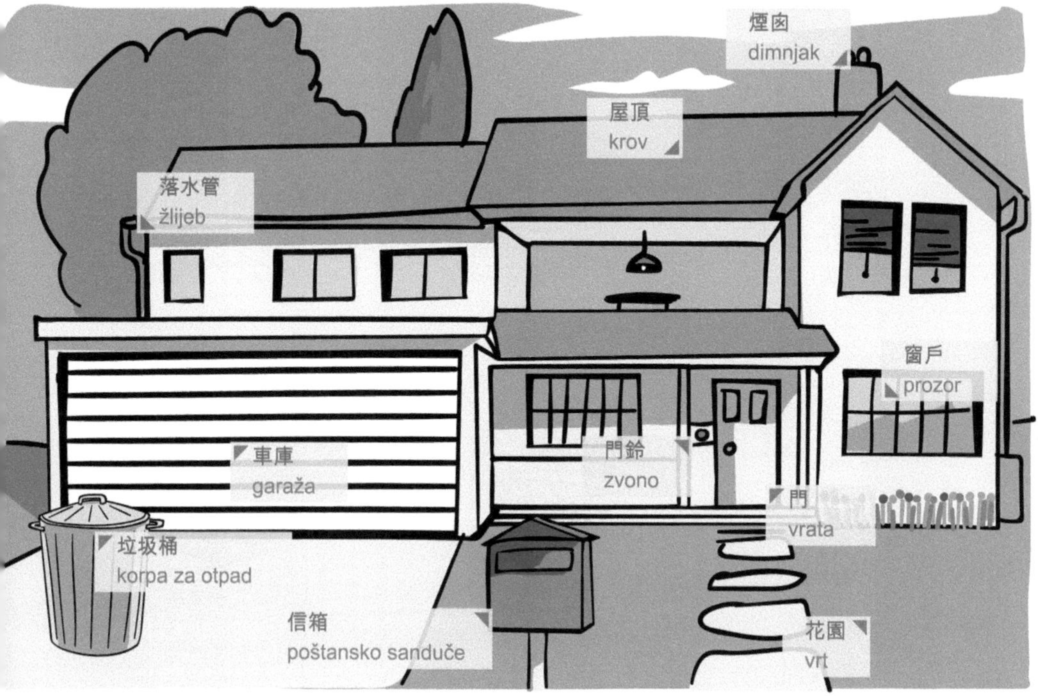

煙囪
dimnjak
屋頂
krov
落水管
žlijeb
窗戶
prozor
車庫
garaža
門鈴
zvono
門
vrata
垃圾桶
korpa za otpad
信箱
poštansko sanduče
花園
vrt

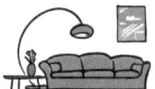

客廳

dnevna soba

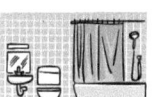

浴室

kupaonica

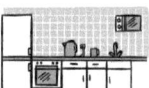

廚房

kuhinja

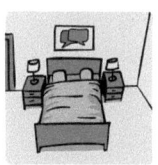

臥室

spavaća soba

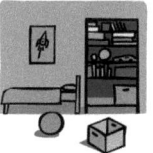

兒童房

dječija soba

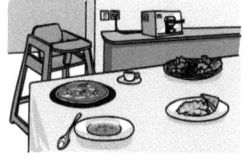

餐廳

trpezarija

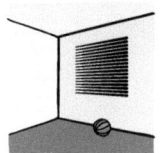

地板

pod

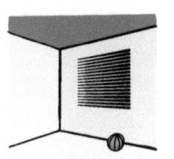

牆壁

zid

天花板

strop

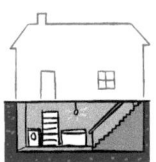

地窖

podrum

三溫暖

sauna

陽臺

balkon

露臺

terasa

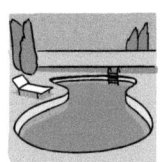

游泳池

bazen

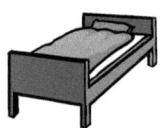

割草機

kosilica za travu

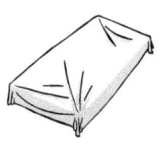

被單

posteljina za krevet

床罩

deka za krevet

床

krevet

掃帚

metla

水桶

kanta

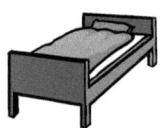

開關

sklopka

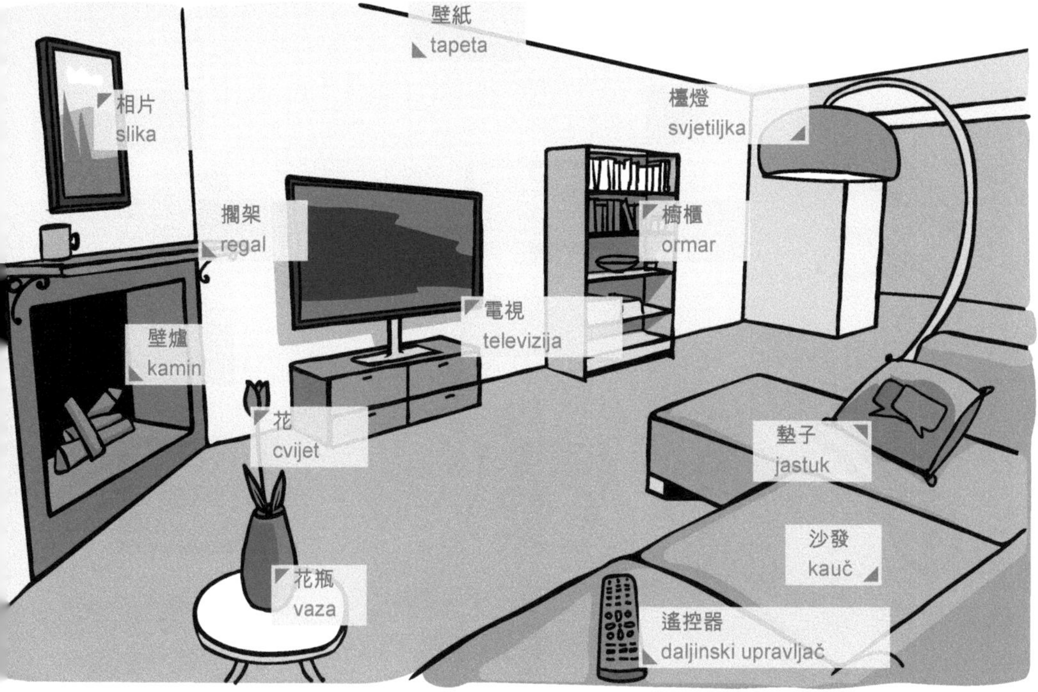

壁紙
tapeta

相片
slika

櫃燈
svjetiljka

擱架
regal

櫥櫃
ormar

電視
televizija

壁爐
kamin

花
cvijet

墊子
jastuk

沙發
kauč

花瓶
vaza

遙控器
daljinski upravljač

地毯
tepih

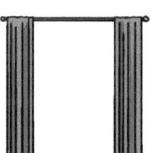

窗簾
zavjesa

餐桌
stol

椅子
stolica

搖椅
stolica za njihanje

扶手椅
fotelja

書
knjiga

毯子
deka

裝飾品
dekoracija

木柴
drvo za ogrjev

電影
film

高傳真音響
stereo uređaj

鑰匙
ključ

報紙
novine

油畫
slika na platnu

海報
poster

收音機
radio

筆記本
blok za pisanje

吸塵器
usisavač

仙人掌
kaktus

蠟燭
svijeća

廚房
kuhinja

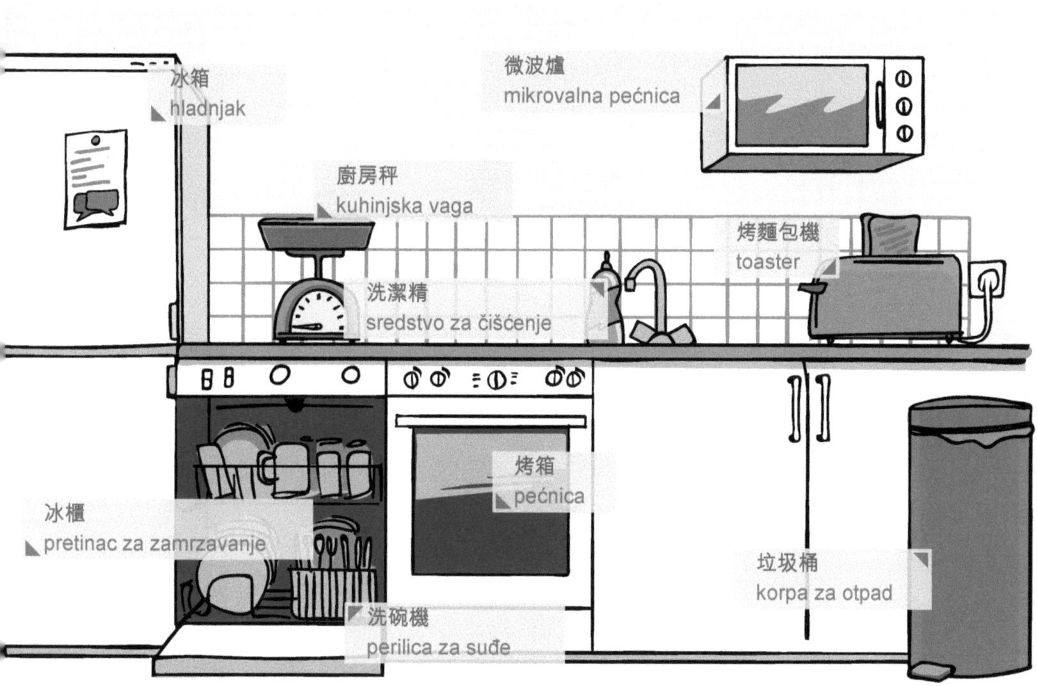

冰箱
hladnjak
微波爐
mikrovalna pećnica
廚房秤
kuhinjska vaga
烤麵包機
toaster
洗潔精
sredstvo za čišćenje
烤箱
pećnica
冰櫃
pretinac za zamrzavanje
垃圾桶
korpa za otpad
洗碗機
perilica za suđe

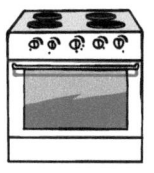

炊具

štednjak

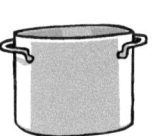

鍋

lonac

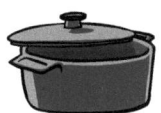

鑄鐵鍋

željezni lonac

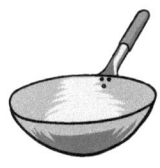

炒鍋

wok / kadai

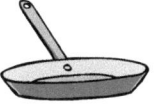

平底鍋

tava

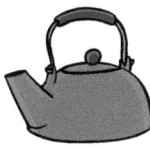

水壺

kuhalo za vodu

蒸鍋

kuhalo na paru

烤盤

lim za pečenje

陶瓷鍋

posuđe

馬克杯

čaša

碗

zdjela

筷子

štapići za jelo

長柄勺

kutljača

鏟子

lopatica

攪拌器

pjenjača

濾網

sito za kuhanje

篩子

sito

磨碎機

ribež

研缽

mužar

燒烤

roštilj

明火

ognjište

菜板

daska

擀麵杖

oklagija

開瓶器

vadičep

罐子

konzerva

開罐器

otvarač konzervi

隔熱手套

krpa za lonac

水槽

sudoper

刷子

četka

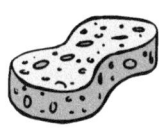

海綿

spužva

攪拌機

mikser

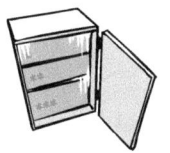

冷藏箱

zamrzivač

奶瓶

bočica za bebe

水龍頭

slavina za vodu

浴室

kupaonica

淋浴
tuš
供暖裝置
grijanje
毛巾
ručnik
浴簾
zavjesa za tuš
泡沫浴
pjenušava kupka
浴缸
kada
玻璃杯
čaša
洗衣機
perilica za rublje
水龍頭
slavina za vodu
瓷磚
pločice
便壺
dječja kahlica
水槽
sudoper

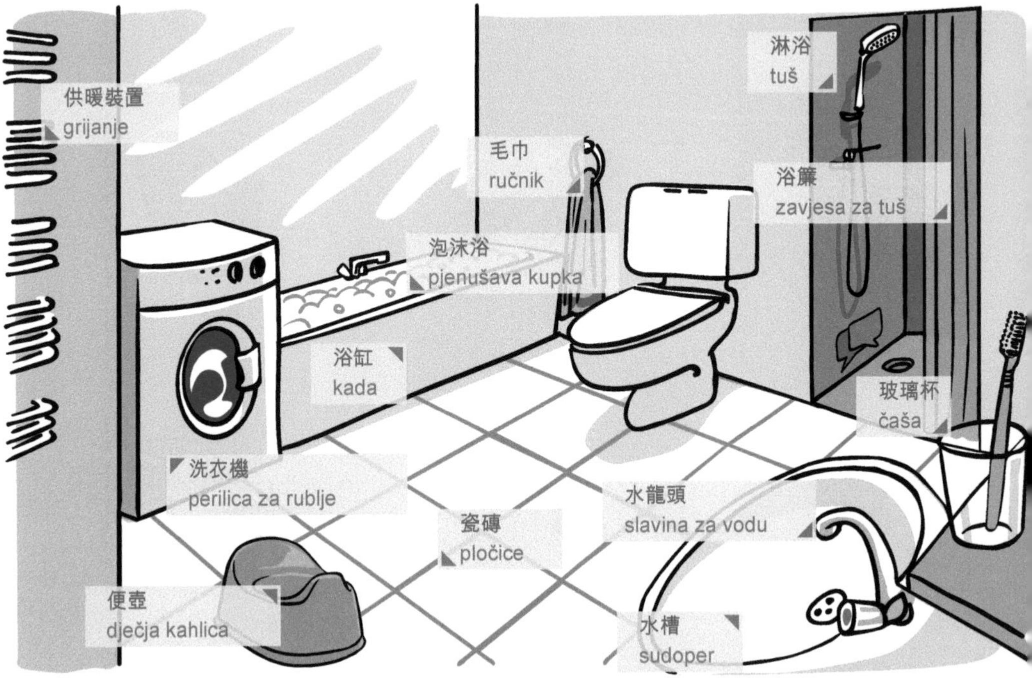

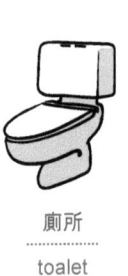

廁所

toalet

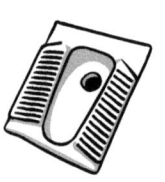

蹲便器

čučavac

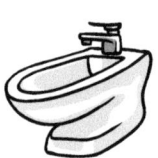

坐浴器

bidet

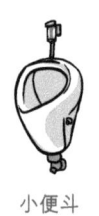

小便斗

pisoar

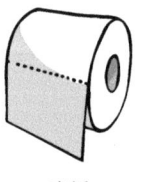

廁紙

papir za toalet

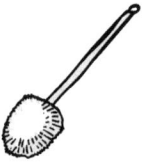

馬桶刷

četka za toalet

牙刷

četkica za zube

牙膏

pasta za zube

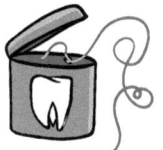

牙線

konac za zube

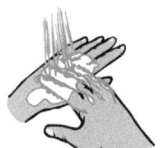

洗

prati

手持式蓮蓬頭

tuš ručica

沖洗器

tuš za pranje intimnih dijelova

洗臉盆

lavor

洗背刷

četka za pranje leđa

肥皂

sapun

沐浴露

gel za tuširanje

洗髮乳

šampon

法蘭絨

krpa za pranje

排水

odvod

乳霜

krema

除臭劑

dezodorans

鏡子

ogledalo

手鏡

kozmetičko ogledalo

刮鬍刀

brijač

刮鬍泡沫

pjena za brijanje

鬍後水

losion za poslije brijanja

梳子

češalj

刷子

četka

吹風機

sušilo za kosu

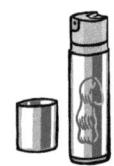

噴髮定型劑

sprej za kosu

化妝品

makeup

唇膏

ruž za usne

指甲油

lak za nokte

化妝棉

vata

指甲剪

škare za nokte

香水

parfem

洗漱包

neseser

凳子

stolica

計重秤

vaga

浴袍

ogrtač

橡膠手套

rukavice za čišćenje

衛生棉條

tampon

衛生棉

uložak

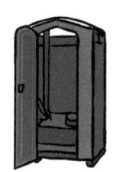

化學廁所

kemijski toalet

兒童房

dječija soba

鬧鐘
budilnik
毛絨玩具
plišana igračka
玩具車
auto igračka
撥浪鼓
zvečka
玩具屋
kućica za lutke
禮物
poklon

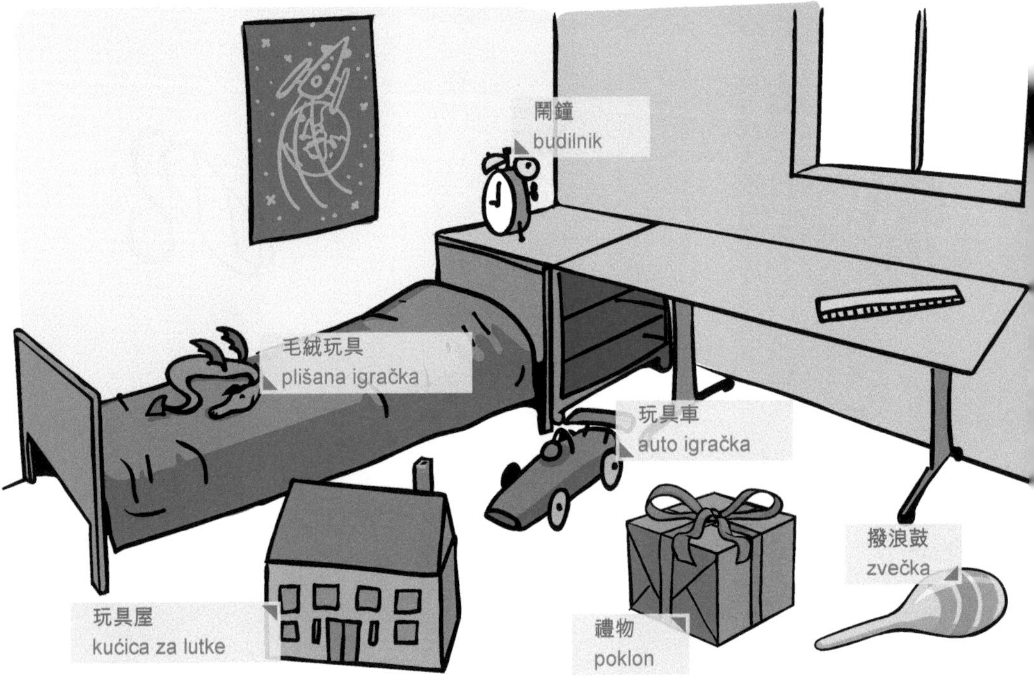

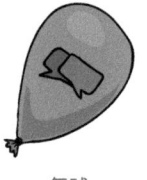

氣球

balon

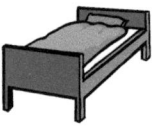

床

krevet

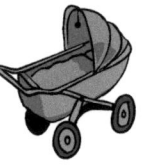

嬰兒車

dječija kolica

撲克牌

igra s kartama

拼圖

slagalica

SUPER
MEGA

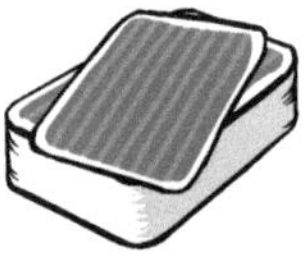

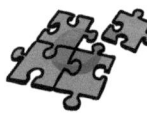

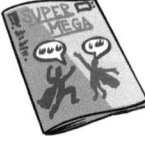

漫畫

strip

樂高積木

lego kockice

積木玩具

kockice za slaganje

公仔

akcioni junak

嬰兒服

kombinezon za bebe

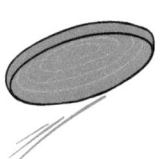

飛盤

frizbi

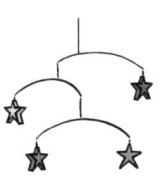

床鈴玩具

viseće igračke

棋盤遊戲

društvene igre

骰子

kocka

火車模型

minijaturna željeznica

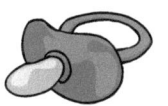

安撫奶嘴

duda

派對

tulum

繪本

slikovnica

球

lopta

洋娃娃

lutka

玩

igrati

沙坑

pješčanik

鞦韆

ljuljačka

玩具

igračka

電玩遊戲

konzola za igre

三輪車

tricikl

泰迪熊

plišani medo

衣櫃

ormar

衣服

odjeća

襪子

kratke čarape

長襪

čarape

緊身褲

hulahopke

圍巾
šal

皮帶
kaiš

雨傘
kišobran

T恤
t-shirt

運動鞋
patike

靴子
čizme

拖鞋
papuče

涼鞋
sandale

鞋
cipele

雨靴
gumene čizme

內褲
gaćice

胸罩
grudnjak

背心
potkošulja

衣服 - odjeća

身體

bodi

褲子

hlače

牛仔褲

džins

短裙

haljina

女式襯衫

bluza

襯衫

košulja

套頭衫

džemper

連帽上衣

pulover s kapuljačom

西裝夾克

blejzer

夾克

jakna

外套

kaput

雨衣

kabanica

套裝

kostim

連衣裙

haljina

婚紗

vjenčanica

西裝
odijelo

睡袍
spavaćica

睡衣
pidžama

莎麗
sari

頭巾
rubac

包頭巾
turban

波卡
burka

卡夫坦
kaftan

(阿拉伯式)長袍
abaja

泳衣
kupaći kostim

男式泳褲
kupaće gaćice

短褲
kratke hlače

運動服
odjeća za trening

圍裙
pregača

手套
rukavice

鈕扣

gumb

眼鏡

naočale

手鏈

narukvica

項鍊

ogrlica

戒指

prsten

耳環

naušnica

便帽

kapa

衣架

vješalica

帽子

šešir

領帶

kravata

拉鍊

patent zatvarač

安全帽

kaciga

背帶

naramenice

校服

školska uniforma

制服

uniforma

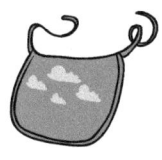

圍兜

podbradak

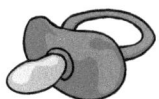

安撫奶嘴

duda

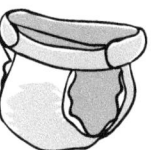

尿布

pelena

辦公室

ured

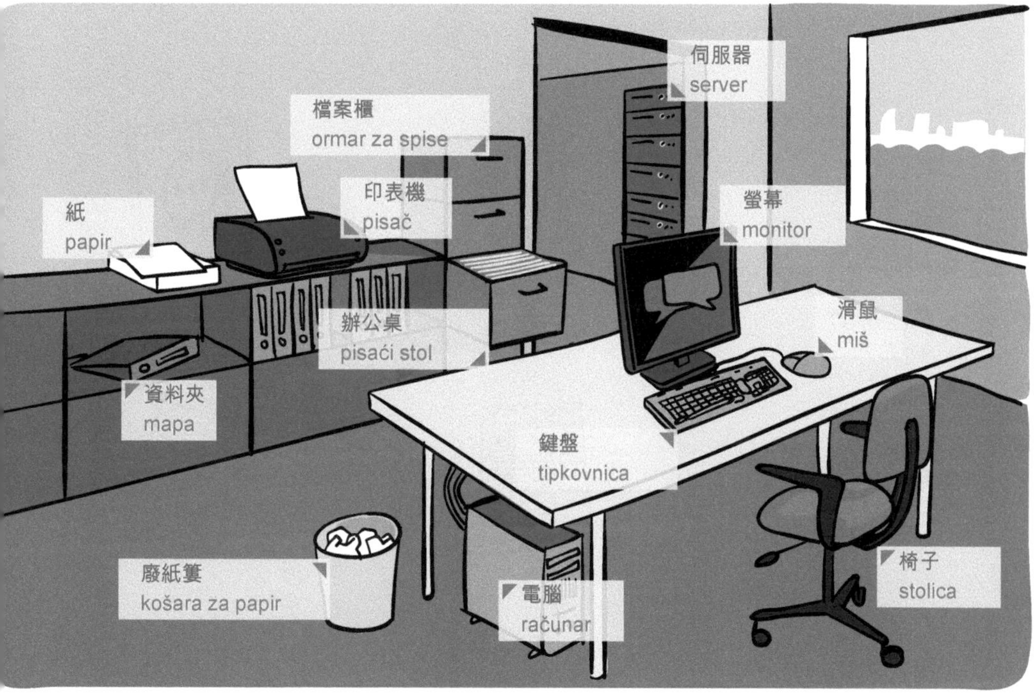

伺服器
server
檔案櫃
ormar za spise
印表機
pisač
紙
papir
螢幕
monitor
滑鼠
miš
辦公桌
pisaći stol
資料夾
mapa
鍵盤
tipkovnica
椅子
stolica
廢紙簍
košara za papir
電腦
računar

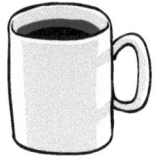

咖啡杯

šalica za kavu

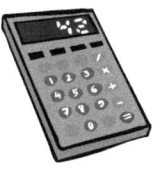

計算機

kalkulator

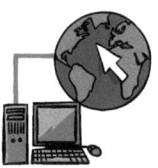

網際網路

internet

筆記型電腦

laptop

信件

pismo

簡訊

poruka

行動電話

mobilni telefon

網路

mreža

影印機

uređaj za kopiranje

軟體

softver

電話

telefon

插座

utičnica

傳真機

faks

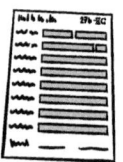

表格

obrazac

檔案

dokument

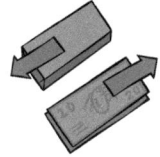

買

kupovati

付錢

platiti

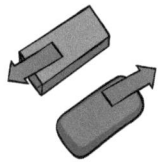

交易

trgovati

現金

novac

美元

dolar

歐元

euro

日元

jen

盧布

rubalj

瑞士法郎

švicarski franak

人民幣

renmindbi yuan

盧比

rupija

提款處

automat za novac

外幣兌換處

mjenjačnica

金

zlato

銀

srebro

石油

nafta

能源

energija

價格

cijena

合約

ugovor

稅金

porez

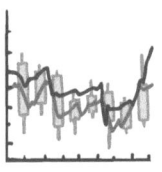

股票

dionica

工作

raditi

職員

službenik

老闆

poslodavac

工廠

tvornica

商店

prodavaonica

職業
zanimanja

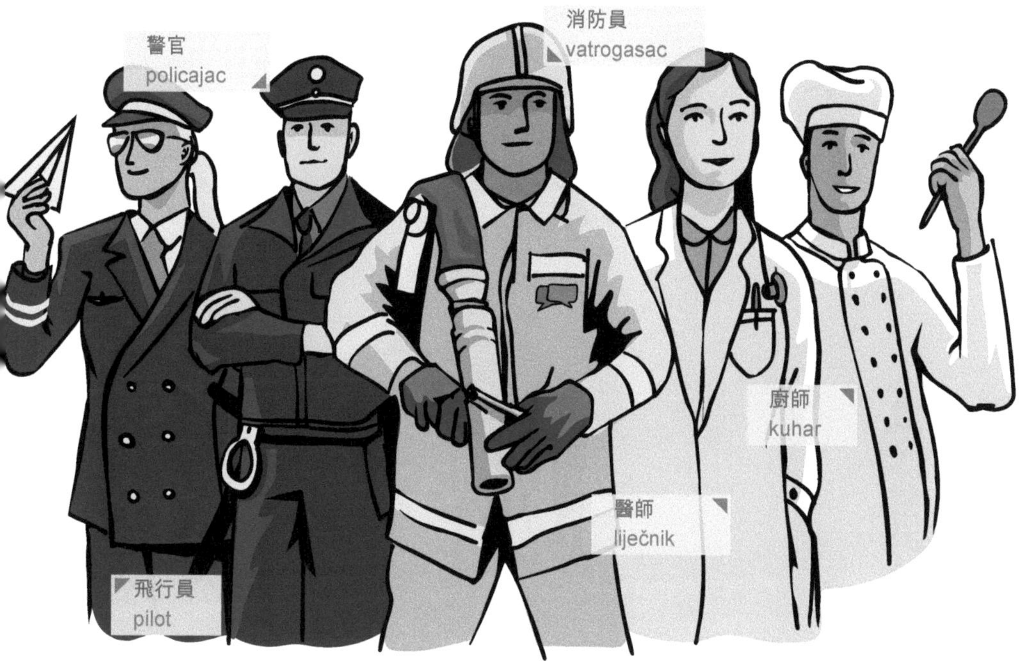

警官
policajac
消防員
vatrogasac
廚師
kuhar
醫師
liječnik
飛行員
pilot

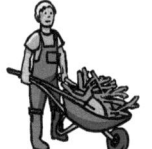

園丁

vrtlar

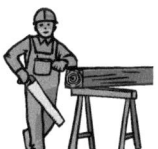

木匠

stolar

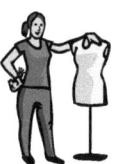

裁縫

krojačica

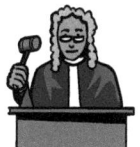

法官

sudija

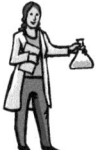

化學家

kemičar

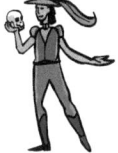

演員

glumac

公車司機

vozač autobusa

計程車司機

vozač taksija

漁夫

ribar

清洗女工

čistačica

屋頂工

krovopokrivač

服務生

konobar

獵人

lovac

畫家

slikar

麵包師

pekar

電工

električar

建築工人

građevinski radnik

工程師

inženjer

屠夫

mesar

水管工

limar

郵差

poštar

士兵

vojnik

建築師

arhitekta

收銀員

blagajnik

花農

cvjećar

理髮師

frizer

售票員

kondukter

機械技師

mehaničar

船長

kapetan

牙醫

zubar

科學家

znanstvenik

拉比

rabi

伊瑪目

imam

和尚

monah

牧師

svećenik

工具
alati

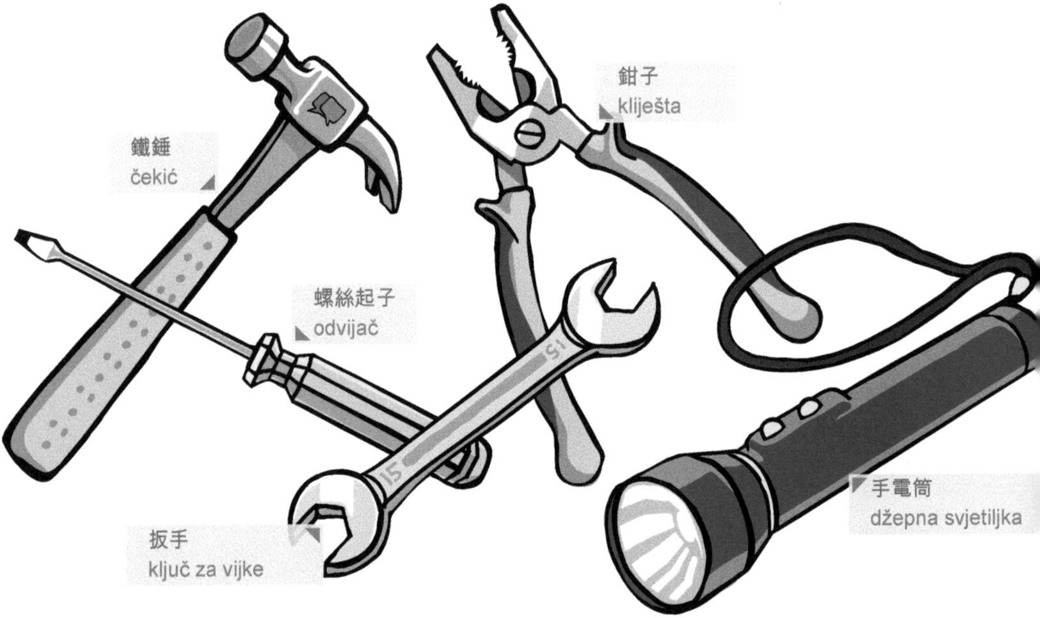
鐵錘
čekić
鉗子
kliješta
螺絲起子
odvijač
扳手
ključ za vijke
手電筒
džepna svjetiljka

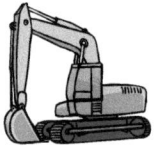

挖掘機

rovokopač

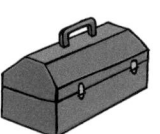

工具箱

kutija za alat

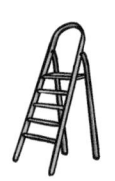

梯子

ljestve

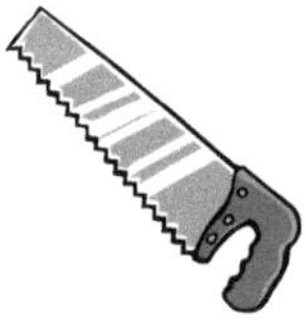

鋸子

pila

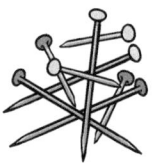

釘子

ekser

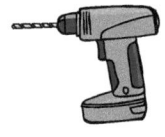

鑽機

bušilica

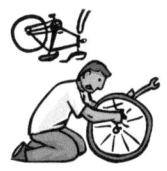

修

popraviti

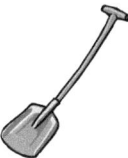

鏟子

lopata

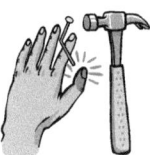

糟糕！

Sranje!

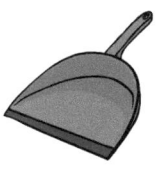

畚箕

lopatica

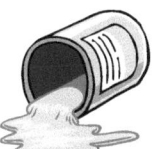

油漆桶

lonac za boju

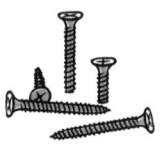

螺絲

vijci

樂器

glazbeni instrument

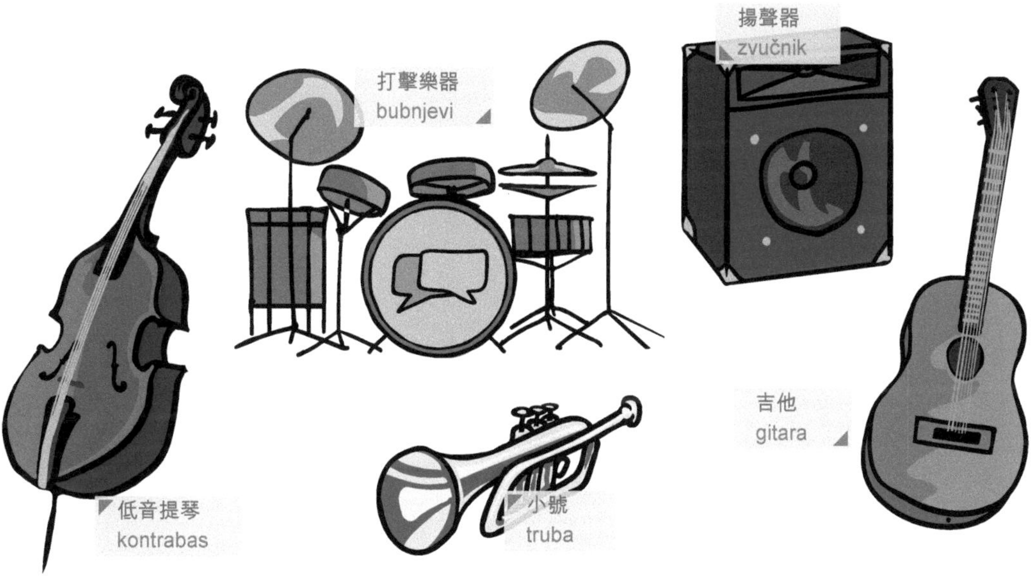
揚聲器
zvučnik
打擊樂器
bubnjevi
吉他
gitara
低音提琴
kontrabas
小號
truba

鋼琴

klavir

小提琴

violina

貝斯

bas

定音鼓

timpani

鼓

udaraljke za bubnjeve

電子琴

keyboard

薩克斯風

saksofon

長笛

flauta

麥克風

mikrofon

動物園
zoološki vrt

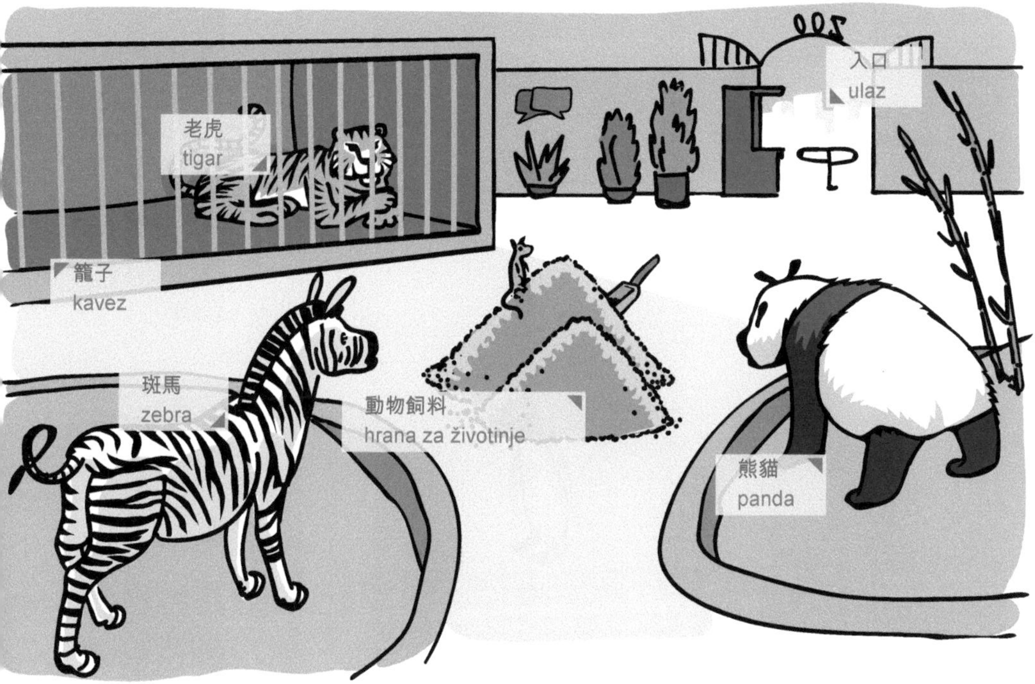

ZOO
入口
ulaz
老虎
tigar
籠子
kavez
斑馬
zebra
動物飼料
hrana za životinje
熊貓
panda

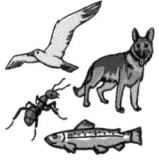

動物

životinje

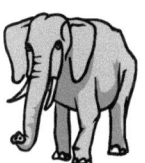

大象

slon

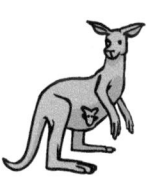

袋鼠

kengur

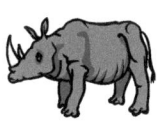

犀牛

nosorog

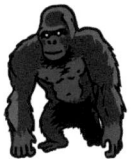

大猩猩

gorila

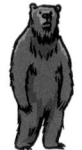

熊

medvjed

駱駝

kamila

舵鳥

noj

獅子

lav

猴子

majmun

紅鶴

flamingo

鸚鵡

papagaj

北極熊

polarni medvjed

企鵝

pingvin

鯊魚

ajkula

孔雀

paun

蛇

zmija

鱷魚

krokodil

動物園管理員

čuvar u zoološkom vrtu

海豹

tuljan

美洲豹

jaguar

矮種馬

poni

豹

leopard

河馬

nilski konj

長頸鹿

žirafa

老鷹

orao

野豬

divlja svinja

魚

riba

龜

kornjača

海象

morž

狐狸

lisica

羚羊

gazela

動物園 - zoološki vrt

橄欖球
americki nogomet

騎腳踏車
biciklizam

網球
tenis

籃球
košarka

游泳
plivanje

拳擊
boks

冰球
hockey na ledu

美式足球
nogomet

羽毛球
badminton

田徑
atletika

手球
rukomet

滑雪
skijanje

馬球
polo

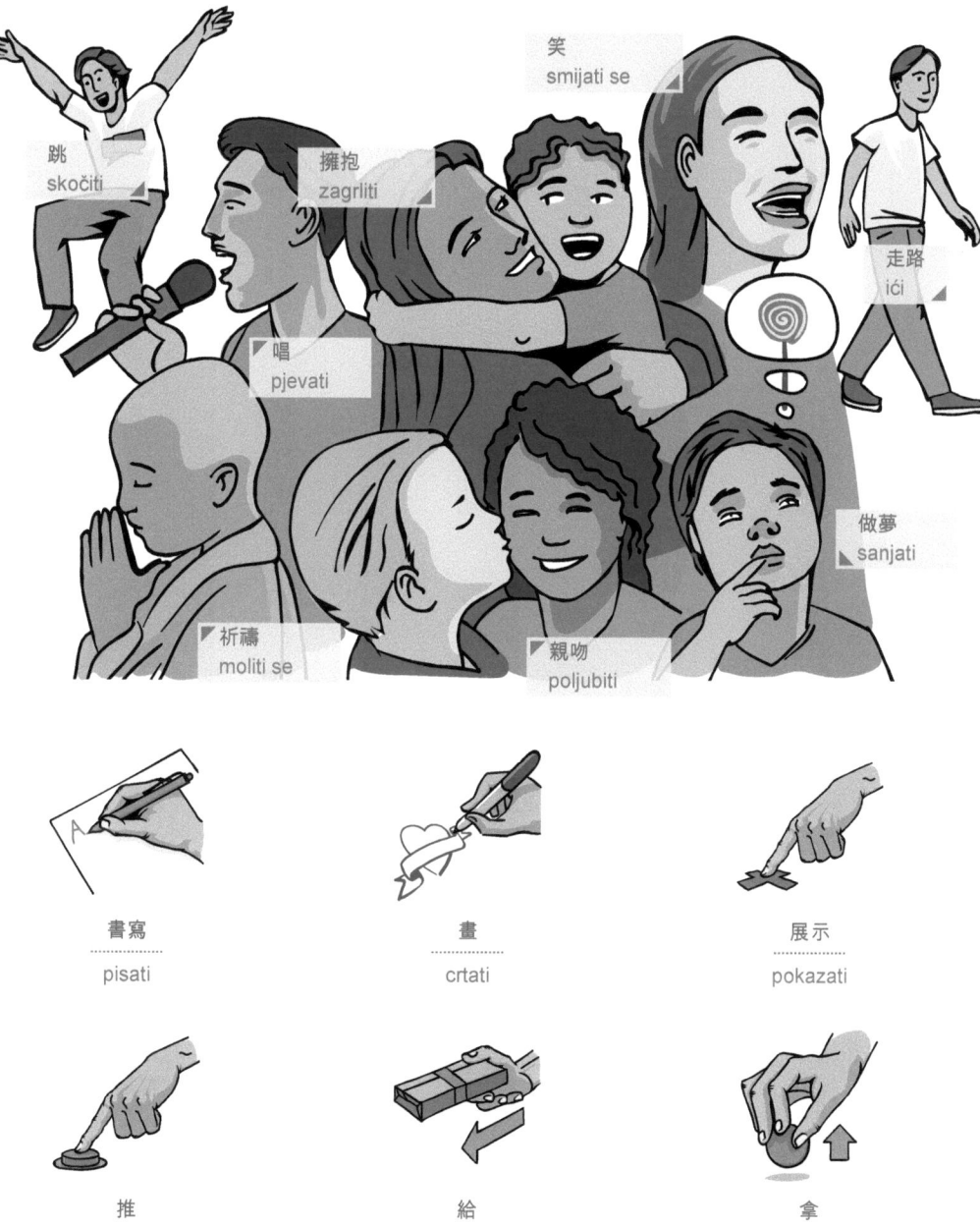

跳
skočiti

擁抱
zagrliti

笑
smijati se

走路
ići

唱
pjevati

做夢
sanjati

祈禱
moliti se

親吻
poljubiti

書寫
pisati

畫
crtati

展示
pokazati

推
gurati

給
dati

拿
uzeti

有

imati

做

činiti

當

biti

站

stojati

跑

trčati

拉

povlačiti

丟

baciti

摔倒

padati

躺

ležati

等待

čekati

攜帶

nositi

坐

sjediti

穿衣

oblačiti

睡覺

spavati

醒來

probuditi se

看
gledati

哭
plakati

擊
milovati

梳頭
češljati

交談
govoriti

明白
razumjeti

問
pitati

聽
slušati

喝
piti

吃
jesti

清理
pospremiti

愛
voljeti

做飯
kuhati

開車
voziti

飛
letjeti

航行

ploviti

計算

računati

讀

čitati

學習

učiti

工作

raditi

結婚

vjenčati se

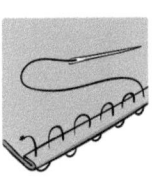

縫

šiti

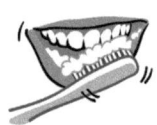

刷牙

prati zube

殺

ubiti

抽菸

pušiti

寄

poslati

家
obitelj

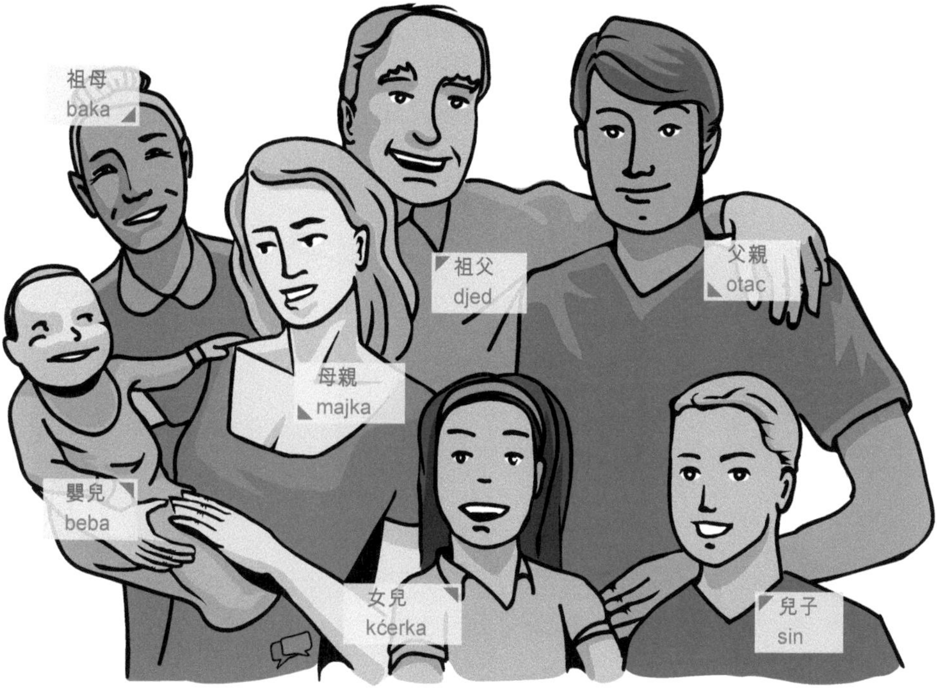
祖母
baka
祖父
djed
父親
otac
母親
majka
嬰兒
beba
女兒
kćerka
兒子
sin

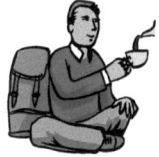

客人
gost

阿姨
tetka

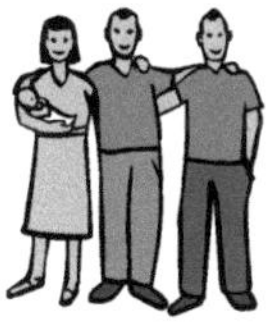
叔叔
ujak, stric

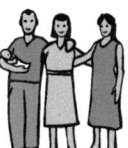

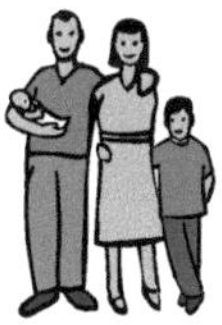
兄弟
brat

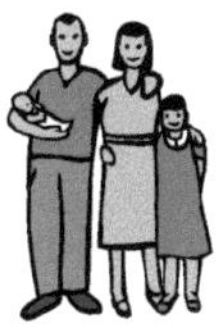
姐妹
sestra

前額
čelo

眼睛
oko

臉
lice

下巴
brada

乳房
grudi

手指
prst

手
ruka

手臂
ruka

肩膀
rame

腿
noga

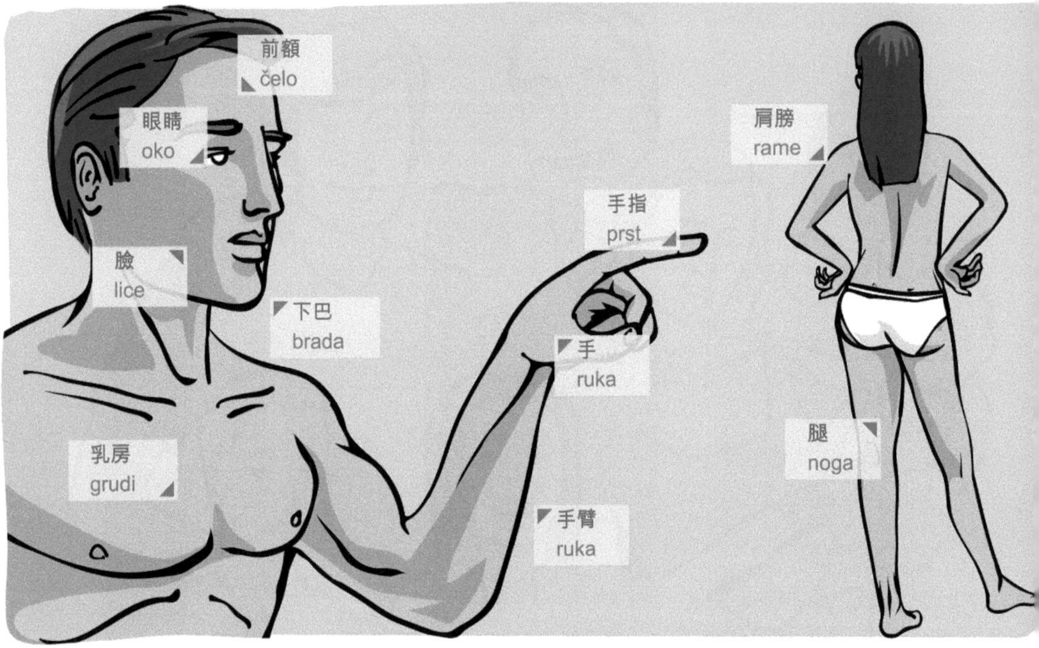

嬰兒

beba

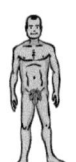

男人

muškarac

女人

žena

女孩

djevojčica

男孩

dječak

頭

glava

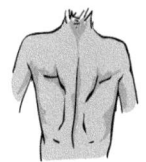

背部

leđa

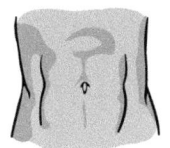

肚子

trbuh

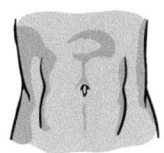

肚臍

pupak

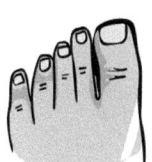

腳趾

nožni prst

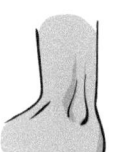

腳後跟

peta

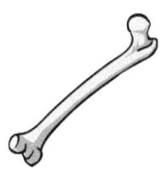

骨頭

kost

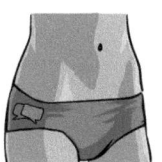

臀部

kuk

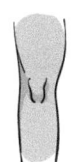

膝蓋

koljeno

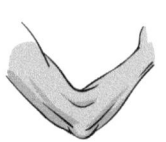

手肘

lakat

鼻子

nos

屁股

stražnjica

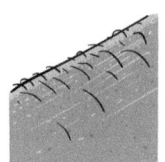

皮膚

koža

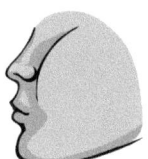

臉頰

obraz

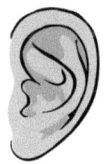

耳朵

uho

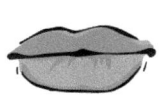

嘴唇

usna

身體 - tijelo

嘴
usta

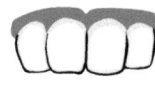

牙齒
zub

舌頭
jezik

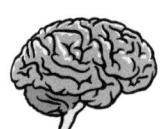

腦
mozak

心臟
srce

肌肉
mišić

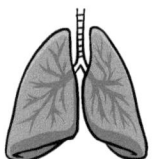

肺
pluća

肝臟
jetra

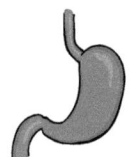

胃
želudac

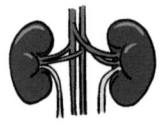

腎臟
bubrezi

性交
snošaj

保險套
kondom

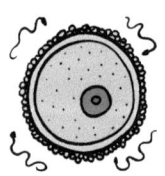

卵子
jajna stanica

精子
sperma

懷孕
trudnoća

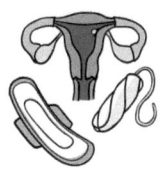

月事

menstruacija

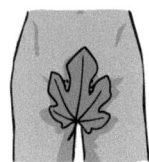

陰道

vagina

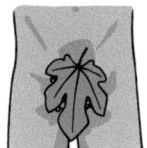

陰莖

penis

眉毛

obrva

頭髮

kosa

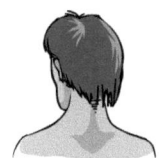

脖子

vrat

醫院
bolnica

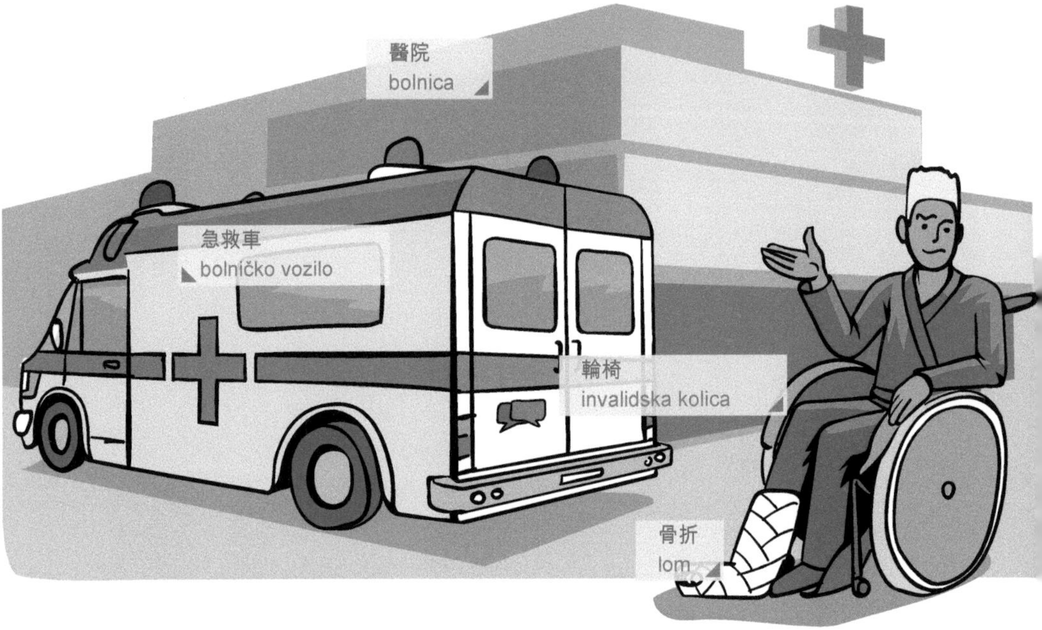

醫院
bolnica
急救車
bolničko vozilo
輪椅
invalidska kolica
骨折
lom

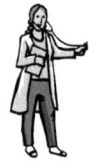

醫師

liječnik

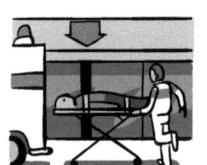

急診室

hitna medicinska služba

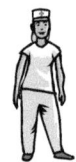

護理師

medicinska sestra

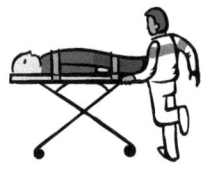

緊急情形

hitni slučaj

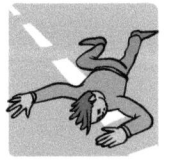

昏迷

nesvijest

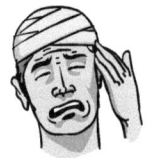

痛

bol

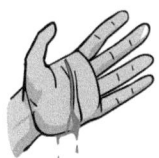

受傷

ozljeda

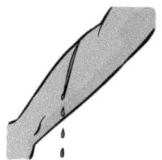

出血

krvarenje

心臟病發作

srćani infarkt

中風

moždani udar

過敏

alergija

咳嗽

kašalj

發燒

groznica

流感

gripa

腹瀉

proljev

頭痛

glavobolja

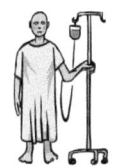

癌症

rak

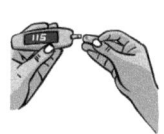

糖尿病

dijabetes

外科醫師

kirurg

手術刀

skalpel

手術

operacija

電腦斷層掃描
ct

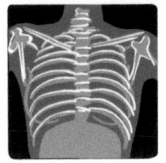

X光
rentgen

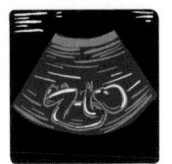

超音波
ultrazvuk

口罩
maska

疾病
bolest

候診室
čekaonica

拐杖
štaka

石膏
flaster

繃帶
zavoj

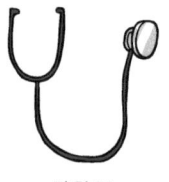

注射
injekcija

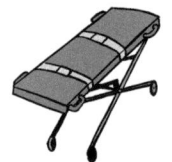

聽診器
stetoskop

擔架
nosilo

體溫計
termometar

出生
rođenje

超重
prekomjerna težina

助聽器

slušni aparat

消毒液

sredstvo za dezinfekciju

感染

infekcija

病毒

virus

愛滋病

hiv / sida

藥物

medicina

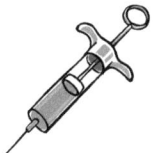

接種疫苗

vakcinacija

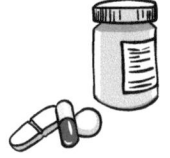

藥片

tablete

藥丸

pilula

急救電話

poziv u pomoć

血壓計

uređaj za mjerenje tlaka

生病/健康

bolesno / zdravo

救命！

pomoć!

警報

alarm

突擊

nasrtaj

攻擊

napad

危險

opasnost

緊急出口

izlaz za nuždu

失火了！

požar!

滅火器

vatrogasni aparat

意外

nezgoda

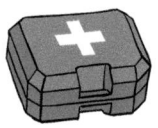

急救箱

kofer prve pomoći

呼救訊號

SOS

員警

policija

歐洲

Europa

北美洲

sjeverna amerika

南美洲

južna amerika

非洲

Afrika

亞洲

Azija

澳洲

Australija

大西洋

Atlantik

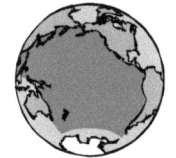

太平洋

Pacifik

印度洋

ocean

南冰洋

antarktički ocean

北冰洋

arktički ocean

北極

sjeverni pol

南極

južni pol

南極洲

Antarktik

地球

zemlja

陸地

zemlja

海

more

島

otok

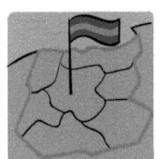

國家

nacija

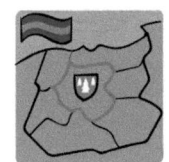

州

država

錶盤

brojčanik sata

時針

satna kazaljka

分針

minutna kazaljka

秒針

sekundna kazaljka

現在幾點？

Koliko je sati?

天

dan

時間

vrijeme

現在

sada

電子錶

digitalni sat

分

minuta

時

sat

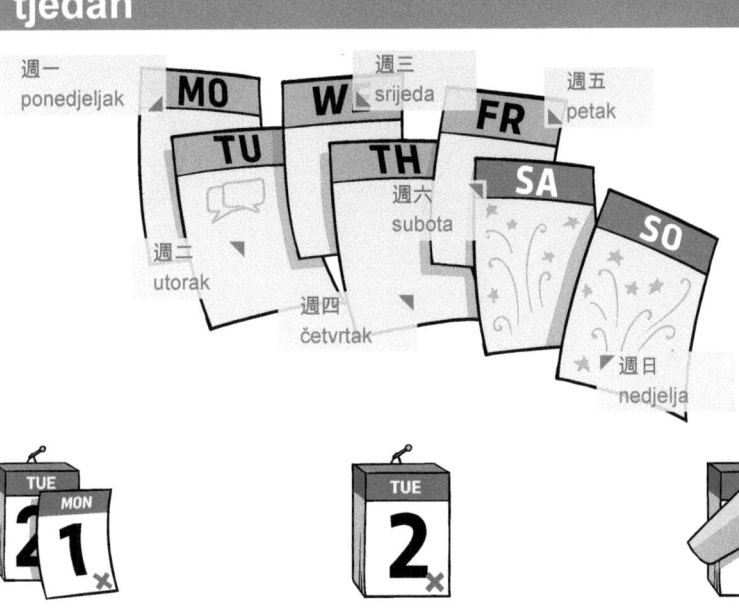

週一
ponedjeljak

週三
srijeda

週五
petak

週二
utorak

週四
četvrtak

週六
subota

週日
nedjelja

昨天

jučer

今天

danas

明天

sutra

早晨

jutro

中午

podne

晚上

večer

工作日

radni dani

週末

vikend

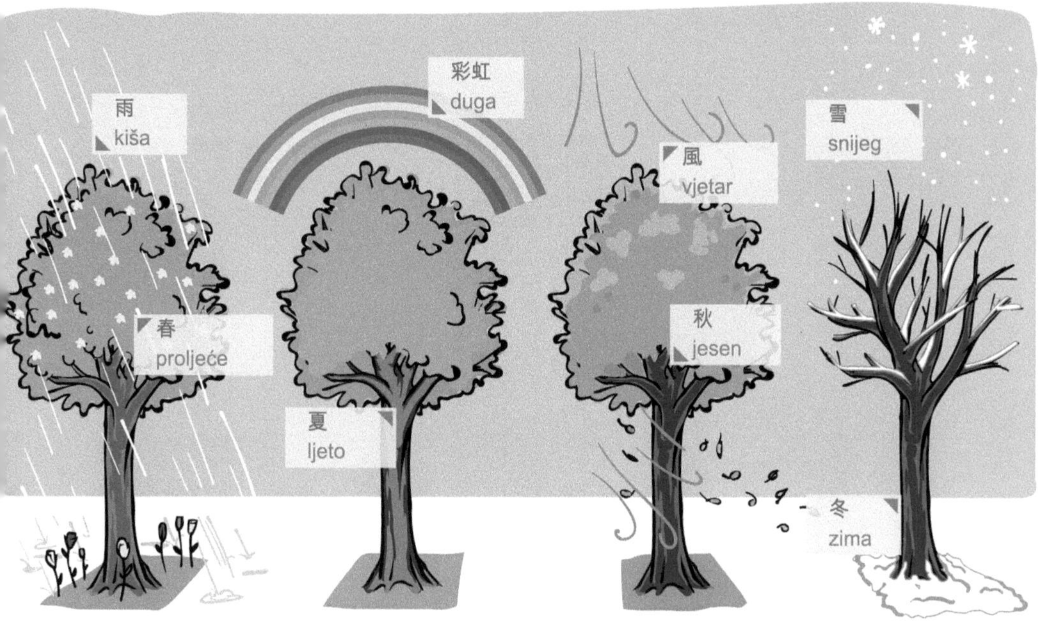

雨
► kiša

彩虹
► duga

雪
snijeg

風
► vjetar

春
proljeće

秋
► jesen

夏
ljeto

冬
zima

天氣預告

meteorološka prognoza

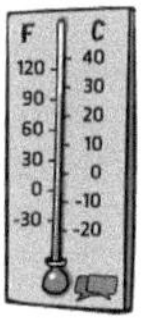

溫度計

termometar

陽光

sunčana svjetlost

雲

oblak

霧

magla

潮濕

vlažnost zraka

閃電

munja

打雷

grmljavina

風暴

oluja

冰雹

tuča

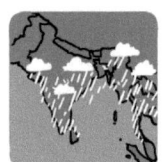

季風

monsun

洪水

poplava

冰

led

一月

siječanj

二月

veljača

三月

ožujak

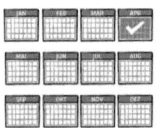

四月

travanj

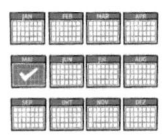

五月

svibanj

六月

lipanj

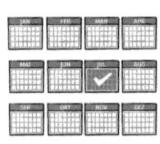

七月

srpanj

八月

kolovoz

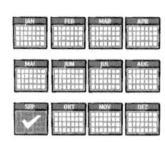

九月
....
rujan

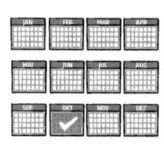

十月
....
listopad

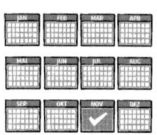

十一月
....
studeni

十二月
....
prosinac

形狀
oblici

圓形
....
krug

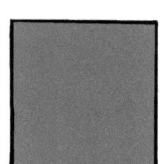

正方形
....
kvadrat

長方形
....
pravokutnik

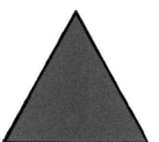

三角形
....
trokut

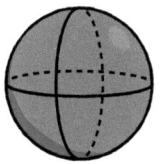

球體
....
kugla

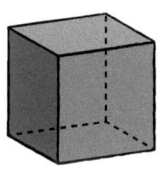

立方體
....
kocka

白

bijela

黃

žuta

橙

narančasta

粉

ružičasta

紅

crvena

紫

ljubičasta

藍

plava

綠

zelena

棕

smeđa

灰

siva

黑

crna

很多/少許

mnogo / malo

生氣/平靜

ljutito / mirno

美/醜

lijepo / ružno

首/尾

početak / kraj

大/小

veliko / maleno

明/暗

svijetlo / tamno

兄弟/姐妹

brat / sestra

乾淨/骯髒

čisto / prljavo

完整/缺失

potpuno / nepotpuno

白天/晚上

dan / noć

死/生

mrtvo / živo

寬/窄

široko / usko

可食用/非食用

jestivo / nejestivo

邪惡/善良

zlo / dobro

興奮/無聊

uzbuđeno / dosadno

胖/瘦

debelo / mršavo

第一/最後

na početku / na kraju

朋友/敵人

prijatelj / neprijatelj

滿/空

puno / prazno

硬/軟

tvrdo / mekano

重/輕

teško / lagano

餓/渴

glad / žeđ

生病/健康

bolesno / zdravo

非法/合法

ilegalno / legalno

聰明/愚笨

pametno / glupo

左/右

lijevo / desno

近/遠

blizu / daleko

新/舊

novo / rabljeno

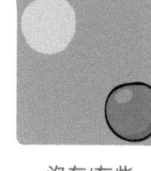

沒有/有些

ništa / nešto

老/幼

staro / mlado

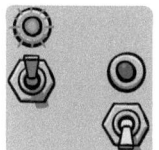

開/關

uključeno / isključeno

打開/闔上

otvoreno / zatvoreno

安靜/吵鬧

tiho / glasno

富/窮

bogato / siromašno

對/錯

točno / pogrešno

粗糙/光滑

hrapavo / glatko

傷心/高興

tužno / sretno

短/長

kratko / dugo

慢/快

polako / brzo

濕/乾

mokro / suho

溫暖/涼爽

toplo / hladno

戰爭/和平

rat / mir

0

零
nula

1

一
jedan

2

二
dva

3

三
tri

4

四
četiri

5

五
pet

6

六
šest

7

七
sedam

8

八
osam

9

九
devet

10

十
deset

11

十一
jedanaest

12

十二
dvanaest

13

十三
trinaest

14

十四
četrnaest

15

十五
petnaest

16

十六
šestnaest

17

十七
sedamnaest

18

十八
osamnaest

19

十九
devetnaest

20

二十
dvadeset

100

百
stotinu

1.000

千
tisuću

1.000.000

百萬
milijun

英語

engleski

美式英語

američko engleski

普通話

kinesko mandarinski

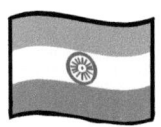

印地語

hindi

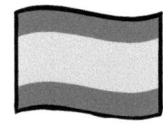

西班牙語

španjolski

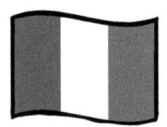

法語

francuski

阿拉伯語

arapski

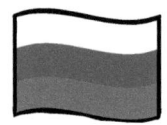

俄語

ruski

葡萄牙語

portugalski

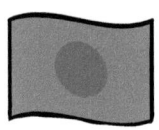

孟加拉語

bengalski

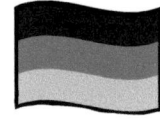

德語

njemački

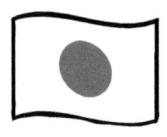

日語

japanski

我

ja

你

ti

他/她/它

on / ona / ono

我們

mi

你們

vi

他們

oni

誰？

tko?

什麼？

što?

如何？

kako?

何處？

gdje?

何時？

kada?

名字

ime

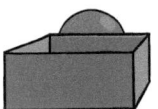

後面

iza

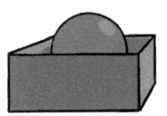

裡面

u

前面

ispred

上方

preko

上面

na

下麵

ispod

旁邊

pored

中間

između

地點

mjesto